PÈLERINAGE D'UN CURIEUX

AU

MONASTÈRE BOUDDHIQUE

DE PEMMIANTSI

CONFÉRENCE

FAITE AU THÉÂTRE DE CHALONS, LE 10 MARS 1880,
AU PROFIT DU BUREAU DE BIENFAISANCE,

PAR

M. Jules REMY.

CHALONS-SUR-MARNE

IMPRIMERIE T. MARTIN, PLACE DU MARCHÉ AU-BLÉ, 50.

—

1880

PÈLERINAGE D'UN CURIEUX

AU

MONASTÈRE BOUDDHIQUE

DE PEMMIANTSI

CONFÉRENCE

FAITE AU THÉATRE DE CHALONS, LE 10 MARS 1880,
AU PROFIT DU BUREAU DE BIENFAISANCE,

PAR

M. JULES REMY.

CHALONS-SUR-MARNE

IMPRIMERIE T. MARTIN, PLACE DU MARCHÉ AU-BLÉ, 50.

1880

PÈLERINAGE D'UN CURIEUX

AU

MONASTÈRE BOUDDHIQUE

DE PEMMIANTSI

CONFÉRENCE

FAITE AU THÉATRE DE CHALONS, LE 10 MARS 1880,
AU PROFIT DU BUREAU DE BIENFAISANCE,

PAR

M. Jules REMY.

CHALONS-SUR-MARNE

IMPRIMERIE T. MARTIN, PLACE DU MARCHÉ AU-BLÉ, 50.

—

1880

AU LECTEUR.

Quoiqu'il ne me soit pas encore arrivé de publier une seule de mes conférences, — par la raison peut-être que je ne les écris jamais, — j'ai cru devoir faire une exception pour celle-ci. Parmi les motifs qui m'ont déterminé, je mets en première ligne le désir d'écarter toute équivoque, de bien fixer ce que j'ai voulu dire, dans l'espérance qu'on fera grâce ainsi, au narrateur et au penseur, d'interprétations qui porteraient atteinte à la vérité, but unique de ses études.

Pour avoir été écrit après coup, le texte que je donne ici n'a pas moins d'exactitude qu'un discours sténographié : j'en ai reçu le témoignage de plusieurs amis qui m'ont entendu.

La Calmeuse de Louvercy (Marne), 1er Mai 1880.

CONFÉRENCE

FAITE AU THÉATRE DE CHALONS, LE 10 MARS 1880,

AU PROFIT DU BUREAU DE BIENFAISANCE.

MESDAMES,

MESSIEURS,

Je veux vous entretenir ce soir d'une visite que j'ai faite, en 1863, au monastère de Pemmiantsi, fameux depuis des siècles dans le monde bouddhique, mais si peu connu de notre monde occidental que vous en chercheriez inutilement le nom dans tous nos atlas, dans tous nos dictionnaires.

En faisant choix de ce sujet pour ma conférence, l'idée ne m'est pas venue qu'il pourrait, comme j'en ai été averti trop tard, vous paraître un peu sérieux, un peu couleur de carême ; je n'ai pensé qu'à vous conduire sur un point vraiment original de notre globe, et je me plais à espérer que vous m'y suivrez avec l'intérêt et l'indulgence que déjà, ici-même, vous avez bien voulu me témoigner, vous et tant de nos concitoyens qui ne sont plus, hélas ! et dont je salue la mémoire.

Pour éviter des digressions, des obscurités, des malentendus, et aussi pour vous mettre à même de tirer quelque profit d'un pèlerinage entrepris par pure curiosité, je vous demande la permission, avant le départ, de vous résumer en deux mots la doctrine bouddhique orthodoxe.

Le fondateur du bouddhisme s'appelle de son vrai nom Shakyamuni. On lui donne cent autres noms encore, comme ceux de Tathâgata, Siddartha, Baghavat, Sramane-Gautama, Phot, Fo, etc. Le nom de Bouddha, sous lequel Shakyamuni est connu en Europe, n'est qu'un surnom, une sorte de titre sacré, qui signifie le Savant, le Saint, le Parfait. Shakyamuni, surnommé le Bouddha, naquit dans l'Inde 622 ans avant notre ère ; il y a par conséquent vingt-cinq siècles. Il était le fils unique du roi de Kapila, pays situé dans le voisinage de l'Aoude et du Népaul.

L'Inde, en ce temps-là, avait une seule religion, le brahmanisme, qui regarde l'univers comme un grand tout dont la nature est le corps, et dont Brahma est l'âme. Suivant cette conception panthéiste, Brahma est à la fois la source d'où la vie ruisselle, et l'océan où elle va se perdre. Toutes les âmes sont semblables, depuis l'âme de l'homme jusqu'à celle de l'huître et des corps bruts ; il n'y a de différence que dans les enveloppes. L'âme émanée de Brahma contracte, en s'unissant à la matière, des souillures qui l'empêchent de retourner à sa source, et dont elle ne peut se purifier qu'en traversant d'autres corps. Avant de vivre de la vie actuelle, l'homme a passé par les existences les plus diverses, nobles ou infimes, humaines ou bestiales, selon le mérite ou le démérite de ses actes ; et non-seulement il faut qu'il expie, par ses souffrances dans la vie présente, les fautes qu'il a commises dans une existence dont il n'a aucun souvenir, mais il lui faut encore, par ses bonnes actions et par une vie exempte de tout péché, mériter de n'être point soumis à de nouvelles épreuves dans d'autres existences postérieures et indéfiniment répétées.

La croyance aux transmigrations, aux renais-

sances, en un mot à toute sorte de métempsychoses,
est si vive chez les cent cinquante millions
d'Hindous plongés de nos jours dans le
brahmanisme, qu'ils s'abstiennent de tuer le
moindre animal, parce qu'ils voient dans la
dernière des créatures une âme pareille à la leur,
une âme qui peut être celle d'un ami ou d'un
parent décédé. C'est ce respect de la vie qui leur
a fait bâtir des hospices où les animaux infirmes,
estropiés, usés par la vieillesse, sont recueillis et
soignés jusqu'à leur mort.

A Bombay, dans cette grande ville où j'ai eu
tant de peine à retrouver la tombe indignement
oubliée[1] d'un illustre et sympathique Français,
Victor Jacquemont, j'ai eu l'occasion de visiter un
hospice destiné aux animaux malades. Là, entre
autres spectacles édifiants, j'ai vu de mes yeux
des hommes intelligents, guidés par un sentiment
de piété filiale, se mettre dans le déshabillé le plus
complet pour s'abandonner deux heures durant
à la voracité des puces et autres insectes mal
famés, avec la conviction qu'ils couraient ainsi

(1) Voir note A, page 31.

l'heureuse chance de procurer un régal à quelqu'un
de leurs ancêtres, transmigré pour ses péchés dans
le corps de cette vermine.

La vie, telle qu'elle est comprise et expliquée
par le brahmanisme, a donc un caractère pénal,
expiatoire, qui la rend forcément triste et en inspire
le dégoût. L'homme ne peut la considérer que
comme un mal, et naturellement il aspire à la
cessation de toute existence personnelle, parce
qu'il n'imagine pas d'existence personnelle dans
d'autres conditions. Ce qu'il appelle, ce n'est pas
la mort, puisque la mort ne délivre pas de la
vie; mais c'est un terme définitif à toutes les
renaissances, c'est l'absorption en Brahma. Le
désespoir et la terreur qu'engendrent de telles
croyances exercèrent de bonne heure léur empire
sur l'imagination de Shakyamuni. Ce dogme, ce
principe de la transmigration, que tout le monde
admet autour de lui, le jeune prince l'accepte
comme la vérité la mieux démontrée et l'a sans
cesse présent à l'esprit. Ne voyant dans la vie
qu'une énigme effrayante, une misère infaillible,
il prend le parti de renoncer à tout pour ne plus
songer qu'à la grande affaire de la délivrance. A
l'âge de vingt-neuf ans, il quitte sa femme, ses

parents, ses amis, le palais de son père, où il aurait pu régner, et se retire dans un lieu inhabité, pour se condamner à des austérités et à des privations inouïes, mendiant sa nourriture, dormant sur la terre, le dos appuyé contre un arbre, s'habillant de haillons et de linceuls déterrés dans les cimetières. Après douze ans de pénitence, de méditations, de réflexions, de recherches, il se sent devenu Bouddha, c'est-à-dire complétement éclairé sur les voies du salut. Alors, pris de compassion pour le sort des autres, il se décide à revenir parmi les hommes afin de les initier aux conditions de la délivrance. Il commence par enseigner ce que ses disciples ont appelé les quatre vérités sublimes :

1º LA DOULEUR, dont on ne saurait nier l'existence ;

2º LA CAUSE DE LA DOULEUR, qui se trouve dans la passion, le désir, la faute ;

3º LE NIRVANA, qui est la suppression de la douleur par l'anéantissement ;

4º LA MÉTHODE DU SALUT, ou le chemin qui conduit au Nirvâna.

La Méthode du salut se réduit à ces trois points :

Abstention de tout péché ;

Pratique constante de toutes les vertus ;

Domination absolue de son propre cœur.

Au premier rang des vertus sont placées la pureté, la sobriété, la charité, la douceur, la patience, l'humilité. « Vivez, disait le Bouddha, en cachant vos bonnes œuvres et en montrant vos péchés. » Aux prêtres et aux religieux, il fait un devoir de garder le célibat, de pratiquer la pauvreté et de se confesser tous les quinze jours, à la nouvelle et à la pleine lune. Pour le reste des fidèles, la confession est également nécessaire ; mais il n'est pas ordonné de la rendre aussi fréquente.

Comme vous le voyez, c'est une doctrine morale ; mais cette doctrine se rattache à une cosmogonie, à un système de philosophie. Dans ce système, d'où devait sortir la plus peuplée des églises. l'univers dans lequel nous vivons est perdu au milieu de l'infinité des autres univers. Chacun de ces innombrables mondes a un commencement et arrive à une fin, mais uniquement pour recommencer de nouveau, et de même continuellement, toujours, sans fin. D'où il suit que ce qui est éternel et absolument sans commencement, ce n'est pas un monde pris à part, ni l'ensemble des univers, mais bien le flux et le reflux des choses, le va-et-vient des existences, une loi fatale d'évolutions et de révolutions perpétuelles par la construction, la destruction et la reconstruction.

Quelle est l'origine de ces univers, et d'où vient cette reproduction incessante des mondes? Sur cette question qui lui est posée, le Bouddha reste muet, et quand ses disciples insistent, il leur fait cette réponse qui nous permet de le regarder comme le premier ancêtre des positivistes : « La solution de ce problème n'est pas au pouvoir de l'intelligence. »

Le Bouddha, qui entrevit l'isolement de la terre dans l'espace et la présence d'une matière incandescente à l'intérieur de la terre, ne s'est point élevé jusqu'à la notion d'une cause première, d'un souverain ordonnateur et juge. Le nom et l'idée de Dieu brillent par leur absence dans sa doctrine ; on ne les y trouve sous aucune forme, pas même sous la forme d'un esprit malin ou de ces démons qui pullulent dans d'autres systèmes métaphysiques, et qui ont fini avec le temps par s'insinuer dans plusieurs sectes du bouddhisme lui-même. Le Bouddha n'a point l'idée de Dieu, cela est si vrai qu'à Ceylan, où sa doctrine est suivie à la lettre, les prêtres à robe de soie jaune, les docteurs de la foi, quand je leur parlais d'un Dieu créateur, s'écriaient : « Quelle drôle d'hypothèse ! »

En Birmanie, où la doctrine primitive est également observée, les prêtres ne méconnaissent pas seulement l'existence d'un Être suprême, ils vont plus loin, ils la nient effrontément, pour employer l'expression dont un missionnaire français, le savant évêque Bigandet, se sert dans une lettre publiée par la Propagation de la Foi.

Quant au Nirvâna, nos philosophes, au nom de la psychologie, ont prétendu et soutenu qu'il ne pouvait signifier l'anéantissement, parce que, disent-ils, l'âme humaine est ainsi faite qu'elle ne saurait aspirer à une monstruosité telle que le néant ; mais nos philosophes se trompent, et l'erreur qu'ils commettent vient de ce qu'ils font gratuitement au spiritualisme oriental l'honneur de le placer sur le même plan, au même niveau que leur propre spiritualisme. Quoi qu'il en soit, le Bouddha a bien entendu par Nirvâna l'anéantissement total, absolu, éternel ; et on ne saurait ici le traiter de mauvais logicien, car, si toute vie n'est qu'un tissu de misères et de douleurs, le salut doit consister à n'y jamais rentrer. C'est ainsi que l'entendent de nos jours les bouddhistes orthodoxes, à Ceylan et ailleurs ; c'est ainsi que la secte des Jainas nous le fait entendre de son côté, en déclarant qu'elle se sépare des autres parce qu'elle repousse l'annihilation pour voir dans le Nirvâna simplement le repos éternel, sans jouissances, il est vrai, mais aussi sans peines ni souffrances d'aucune sorte.

Le Bouddha, après avoir mené la vie la plus sainte, la plus vertueuse, la plus édifiante, la plus héroïque, mourut à l'âge de 80 ans, 543 ans avant l'ère chrétienne, sans avoir greffé le moindre culte sur sa doctrine. Dans les communautés qui suivent aujourd'hui scrupuleusement ses préceptes, nous ne voyons pour tout culte que de simples hommages rendus à la mémoire du Libérateur, comme on l'appelle, hommages qui se bornent à répéter une phrase à sa louange, une sorte de *Gloria,* et à jeter pieusement quelques fleurs de choix sur les monuments (chaits, stupas, dahghobs, etc.) élevés en son honneur.

Voilà donc une religion sans prière, sans culte, sans consolations, sans espérances, sans Dieu

d'aucune sorte ! Une religion qui mène les âmes
au néant par un chemin plus étroit, plus difficile
que le chemin qui, dans la plupart des religions,
conduit aux jouissances éternelles du paradis !
Et, au témoignage de l'histoire, cette religion est
prêchée à son origine par des missionnaires
enflammés d'un zèle qui n'a jamais été surpassé !

Toutes les religions sont modifiées par le temps :
la doctrine du Bouddha n'a pas échappé à la
grande loi des révolutions. Faute d'une règle
écrite de son vivant, et malgré les règles établies
par les trois conciles tenus dans les premiers
siècles, elle a subi des modifications, des altérations
nombreuses et quelquefois si profondes qu'il n'est
pas toujours aisé de la reconnaître chez les quatre
ou cinq cents millions d'hommes qui la professent.
Nous allons le voir ; nous allons voir ce qu'est
devenue, en quittant l'Inde, son pays natal, d'où
elle a depuis longtemps disparu, cette philosophie
étrange du néant. Nous n'avons pour cela qu'à
entrer dans le sanctuaire où j'ai à vous introduire,
et dont je regrette de n'avoir pu vous ouvrir les
portes sans vous imposer cette ingrate et laborieuse
initiation.

Pemmiantsi, naguère capitale politique et
religieuse de la principauté de Sikkim (ou Dedjon),
se trouve à l'entrée du Tibet, en plein Himalaya,
entre le Boutan et le Népaul, à cinq journées de
marche de l'extrême limite des possessions
britanniques dans l'Inde, par 86° de longitude
orientale de Paris, et par 27° de latitude nord.
Bâti sur le sommet d'un des principaux contreforts
de la grande chaîne asiatique, entre 2,000 et
3,000 mètres d'altitude, le monastère de l'ancienne
capitale est dominé par les cîmes neigeuses du
Kanchenzeunga (Lambutsinga), qui s'élèvent à la
hauteur absolue de 8,600 mètres, 2,000 mètres de
plus que le Chimborazo, c'est-à-dire, à une hauteur
qui ne serait point égalée par les Alpes surmontées
des Pyrénées, quand même on y ajouterait notre
Mont-Aimé couronné de la plus haute de nos
cathédrales. Grâce à cette situation, les *lamas*
ou moines du monastère sont placés comme entre
deux éternités, l'éternité de glace qui se montre
au-dessus de leurs têtes, et l'éternité de verdure
qui s'étend à leurs pieds, au fond des vallées.
Ce vaste amphithéâtre de neige élevant à cinq
kilomètres ses murailles éblouissantes, cette
végétation luxuriante qui s'offre aux regards toute

l'année, quel tableau ! quel contraste! Ce sont
des fougères arborescentes, des palmiers, des
pandanus, des bananiers, des aroïdées aux feuilles
richement découpées, des orchidées épiphytes aux
bizarres et brillantes corolles, des gerbes de
bambous dont les chaumes atteignent cent pieds
et forment des voûtes ogivales par leur entrecroi-
sement, des parasites dont le feuillage décoratif
compose des chapiteaux pour les troncs des
grands arbres, des lianes courant de branches
en branches ou s'enlaçant entre elles comme
des serpents. Au-dessus de ces espèces entièrement
tropicales fixées dans le fond des vallées, on
traverse des forêts remplies d'arbres inconnus à
nos contrées et d'une variété sans pareille ; puis,
au-dessus de cette seconde zone, on arrive à la
région des magnolias et des rhododendrons, aussi
grands que les chênes de nos bois et tout couverts
de fleurs énormes et ravissantes. Avec quelles
délices le voyageur contemple ces splendeurs
végétales en escaladant les pentes raides et
rocailleuses qui conduisent au sanctuaire !

Les chasseurs indigènes que l'on rencontre
çà et là ajoutent encore aux charmes de la nature
par le pittoresque de leur costume. Les cheveux

au vent, jambes et bras nus, ayant pour tout
vêtement une courte tunique serrée à la taille
par une ceinture de cuir, l'épée au côté, le carquois
sur l'épaule, l'arc à la main, marchant d'un pas
leste et silencieux, on dirait des guerriers grecs
ou romains à la poursuite d'un ennemi caché
sous le feuillage. L'ennemi, c'est une poule des
bois, un faisan, un héron, un aigle, une oie,
d'autres oiseaux encore, plus rarement une anti-
lope, une marmotte, un mouton sauvage. Les
animaux féroces, tels que les tigres et les éléphants, ne s'avancent jamais des plaines du
Bengale dans ces régions montagneuses. On y
rencontre pourtant des êtres redoutables, plus à
craindre certainement que leur taille ne le ferait
supposer, par exemple des sangsues et des tiques
(ixodes). Ces sangsues, de la grosseur d'une épingle
ordinaire et d'un à deux centimètres de longueur,
vivent sur la terre humide et sur les feuilles des
buissons ; elles se lancent au passage sur le
cavalier aussi bien que sur le piéton, se glissent
dans ses bottes et, sans le moindre avertissement,
sans révéler leur présence par aucune sensation,
— tant leur piqûre est fine et discrète, — elles
se gorgent de son sang. C'est le soir seulement, au

débotté, qu'on reconnaît la présence et les méfaits de ce petit vampire enivré de votre substance, gonflé au point de paraître aussi gros que nos sangsues européennes. On s'aperçoit alors que la faiblesse ressentie ne vient pas uniquement de la fatigue essuyée dans la journée, mais encore et surtout de l'épuisement causé par une perte de sang. Un soir, après une marche forcée à travers ces admirables forêts, j'ai retiré de mes chaussures quarante-deux sangsues et mesuré quatorze centilitres de sang répandu[1] ! — L'autre insecte, la tique, de la famille des araignées, a la grosseur et la forme d'un petit haricot noir ou d'une graine de ricin ; il enfonce dans le derme, le plus souvent à la nuque du voyageur, son bec fin et garni de crochets, laissant son corps saillir au dehors comme une excroissance charnue, pendante, qu'on ne peut arracher qu'au prix d'une déchirure douloureuse. Un des hommes de ma suite se réveilla un jour d'une sieste avec huit de ces insectes désagréables, qui pendaient autour de son cou comme les perles noires d'un collier.

Je vous fais grâce des autres misères de ce beau

[1] Voir note B. page 56.

pays, telles que l'absence de chemins frayés, l'obligation de coucher à la belle étoile sur les crêtes des hauteurs, pour éviter les fièvres que la chaleur engendre dans le fond des vallées ; la nécessité d'établir des ponts sur les torrents qui barrent le passage ; la difficulté d'escalader des côtes escarpées où l'on perd souvent, dans des montées et des descentes successives, un jour tout entier pour avancer d'une lieue en droite ligne.

Entrons dans le temple du monastère, où m'ont précédé mes interprètes avec les lettres d'introduction dont j'étais redevable à un ambassadeur du Sikkim, que j'avais eu la bonne fortune de connaître dans l'Inde.

Du portail, indépendamment du panorama grandiose que je vous ai signalé, on découvre, sur diverses hauteurs des environs, d'autres édifices bâtis dans le même style. Le temple où nous sommes arrivés, isolé sur un étroit plateau, à quelque distance des petites habitations ou cellules qui constituent l'ensemble du monastère, forme un parallélogramme de vingt-cinq mètres de longueur sur une largeur d'à peu près moitié. Sans rien d'architectural, il est solidement construit en maçonnerie de pierres et recouvert d'un simple toit ou calotte en bambous. Il n'a que quelques petites ouvertures latérales et reçoit son jour principal par l'unique porte d'entrée; aussi est-il mal éclairé, comme il convient du reste à un lieu de recueillement. Deux rangées de colonnes en bois sculpté partagent l'intérieur en trois nefs. Sur les parois des murailles on voit des fresques d'un style particulier, représentant des sujets pieux ou allégoriques, notamment le cercle de la vie humaine, où l'on peut suivre l'homme dans ses diverses phases, depuis sa naissance, figurée avec toute la crudité du naturalisme le plus audacieux, jusqu'à sa mort et à son passage dans d'autres existences.

Au fond du temple, derrière l'autel, se trouve la statue du Bouddha, flanquée de deux autres statues. Une lampe brûle sur l'autel, entre deux vases à encens. Ni chaises, ni bancs; pour tout pavé, le sol nu et battu.

On me fait asseoir sur un escabeau, en face d'une petite table recouverte d'une nappe, et sur laquelle est posé un gros cylindre en bambou rempli de blé fermenté. Les moines ou *lamas* forment deux files dans la nef du milieu, où ils

sont accroupis à la turque sur des tapis. Ni coiffés,
ni chaussés, ils sont vêtus d'une soutane de
laine rouge foncé et d'une houppelande ou par-
dessus de même étoffe. Un couteau à lame droite
et assez longue, renfermée dans une gaine en bois
orné de cuivre, est passé dans la ceinture de leur
soutane, ainsi qu'un chapelet *(tchengua)* formé de
112 grains, dont 4 plus gros divisent les autres en
séries de 27.

Quelques curieux qu'on laisse entrer se pros-
ternent, en vrais dévots qu'ils sont tous, et
frappent le sol de leur front. Rien absolument
ne rompt le silence. Bientôt arrive le grand lama,
vieillard de bonne et sainte apparence, suivi de
son coadjuteur, vénérable Mongol à figure de
magot, portant quelques poils blancs et hérissés en
guise de moustaches et de barbiche. Le premier,
vêtu comme les simples lamas, mais coiffé d'une
barrette de cardinal et chaussé de demi-bottes
rouges, prend place à la tête de la file de droite,
avec son coadjuteur à côté de lui. Alors le
révérendissime personnage me salue, me compli-
mente sur mon arrivée, s'informe de ma santé,
de la manière dont mon voyage s'est effectué à
travers les montagnes, et me demande en quoi

il peut m'être utile ; tout cela en termes d'une exquise politesse, selon l'usage du monde oriental, où l'on est très attaché aux formes et à l'étiquette.

Après ces préliminaires, le grand lama fait verser de l'eau bouillante dans le cylindre en bambou placé devant moi, et m'invite à boire. Je m'exécute en aspirant à l'aide d'un chalumeau cette bière fumante nommée *marwa*, faite de différentes graines de céréales, et plus particulièrement des graines de l'*Eleusine coracana*. C'est un breuvage inoffensif, sain, bienfaisant, réparateur, et qui n'a rien de répugnant. Ma soif apaisée, je m'avise de dire : « Mais, Monseigneur, n'est-il donc permis qu'à moi de boire dans le temple ? » Il s'incline et se fait verser à lui et à tous les lamas, dans une petite écuelle en bois que chacun porte sur soi comme ustensile de première nécessité, une eau-de-vie faite des mêmes graines que le marwa, et tous se mettent à boire en se tournant vers moi. C'était un pacte d'amitié que nous venions de sceller par ces libations.

On reprend ensuite l'entretien. M'apercevant qu'on me regarde comme Anglais, je m'empresse de mettre un terme à cette méprise en déclarant que je suis Français. A ma grande stupéfaction, je découvre que ces braves gens ignorent absolument qu'il y a sur la terre un pays du nom de France ! Ils ne connaissent dans tout l'Occident que deux peuples, les Anglais et les Russes, les premiers, parce qu'ils sont les maîtres de l'Inde, leur voisine ; les seconds, parce que leur empire confine avec la Mongolie et d'autres pays de l'Asie centrale peuplés de bouddhistes.

Avant ma visite, les lamas n'avaient vu qu'un seul Européen, et c'était un Anglais, le célèbre naturaliste Hooker[1], qui avait parcouru le Sikkim vers 1850. Pour essayer de leur faire comprendre la position de la France, je leur dis qu'elle est à l'ouest de Rome, ou de la résidence du Lama suprême des chrétiens ; mais il se trouva qu'ils n'avaient jamais entendu parler ni du Christ, ni du pape. Je me sentais, je l'avoue, vexé, humilié dans mon amour-propre, ou plutôt dans mon orgueil patriotique ; mais, en réfléchissant un peu, je me dis qu'après tout il y a bien en France des gens, même des ecclésiastiques, qui n'ont jamais entendu parler du

1) Voir note C, page 56.

Bouddha ni de plusieurs nations de l'Asie, et j'en conclus que je n'avais pas le droit d'être exigeant.

Revenu de mon effarement, je demande aux lamas s'ils ne sont pas bouddhistes. Ils se mettent à rire comme si j'avais lâché un mot fort plaisant, et j'apprends qu'en effet les mots Bouddha et Bouddhistes sonnent à leurs oreilles comme des expressions drôlatiques dépourvues de sens. Changeant de question, je leur demande simplement quelle est leur religion. Ils me répondent aussitôt que leur religion s'appelle Nangpa, et qu'elle a pour fondateur Shakyamuni. Nous nous entendons alors, et, dans la pensée que je puis leur être agréable, je leur raconte que j'ai visité les lieux où naquit, où vécut, où mourut le Libérateur. Cela me grandit de cent coudées à leurs yeux; aussi entrent-ils volontiers dans tous les détails que je puis désirer au sujet de leurs croyances, de leur culte, de leur morale, de leur régime.

Nous ne nous sommes trouvés en désaccord que sur un point, celui de savoir si Shakyamuni avait laissé un fils; eux prétendaient que oui, l'histoire m'avait dit non; mais je me gardai bien de soutenir mon opinion.

Je dois vous raconter maintenant, Mesdames et Messieurs, ce que j'ai appris de plus saillant pendant mon séjour à Pemmiantsi, et je commencerai par vous avertir que c'était le théologien le plus autorisé du couvent qui intervenait, à la requête du grand lama, chaque fois qu'il s'agissait d'une question obscure ou controversée.

Pour devenir *lama* (prêtre), il faut être *tapa* ou étudiant pendant seize ans. L'examen et l'ordination des lamas ont lieu le plus souvent à Lhassa, capitale du Tibet et métropole spirituelle des bouddhistes tibétains, chinois et mongols. Le célibat est obligatoire pour tous les lamas. Un lama qui se marie perd par cela même sa qualité de prêtre, et ne peut la recouvrer qu'à la condition d'abandonner sa femme et de payer une amende qui varie selon les circonstances. Quiconque ne se destine pas à l'état ecclésiastique, se borne à apprendre quelques formules ou pratiques dévotes tout-à-fait insuffisantes dans mille cas spéciaux ; d'où il résulte que le ministère des lamas est souvent requis par la masse des fidèles, qui professe visiblement le plus grand respect pour ses prêtres.

Les lamas n'étudient pas le sanscrit : ils

l'ignorent même complétement, bien que ce soit la langue sacrée du bouddhisme orthodoxe; mais ils apprennent dans les livres tibétains des choses singulièrement curieuses, comme les suivantes, par exemple, qui serviront à vous édifier sur la valeur de leur science :

Du chaos résultant de la destruction d'un monde s'élève un nuage d'où tombe une pluie fécondante. Cette pluie fait naître d'innombrables embryons de mondes, comparés à des boutons de lotus émergeant des eaux. Chacun de ces mondes développe d'abord sa partie céleste, puis ensuite sa partie terrestre. Sur cette dernière, les êtres inférieurs naissent d'êtres supérieurs, les classes infimes des classes nobles. La surface de la terre, recouverte d'un limon semblable au miel distillé dans la corolle du lotus, a une couleur d'or, exhale un parfum délicieux et sécrète une sorte d'ambroisie dont se nourrissent les premiers organismes.... Les mondes se reforment avec le même aspect qu'ils avaient dans leur existence précédente, avec les mêmes continents, les mêmes mers, les mêmes montagnes, les mêmes cours d'eau, les mêmes nationalités, les mêmes villes : il n'y a de changement que dans les noms. Au centre de l'Himalaya existe une mer profonde, qui est la source de tous les grands fleuves de la terre, et au fond de l'Océan un dragon monstrueux, le grand dragon de l'Océan, qui, dans ses accès de rage plus ou moins fréquents, frappe les flots de sa queue gigantesque et les fait voler à des hauteurs prodigieuses, d'où ils retombent chargés de toutes les impuretés accumulées dans les rues et les égouts du ciel ; et voilà pourquoi l'eau de mer a une amertume si prononcée, pourquoi elle est salée....

Comme vous voyez, Mesdames et Messieurs, c'est une physique commode, parfaitement primitive et des plus fantaisistes ; mais je dois m'en tenir à la théologie.

Les lamas de Pemmiantsi croient à un dieu supérieur nommé Kontuzanpo, qui réside dans le corps des justes, et qui a pour épouse Arapachanadé, déesse de la science, dont la nature se plaît à graver le nom en caractères tibétains sur les feuilles d'un arbre connu de tous, prétend-on, mais si rare qu'on n'a pu m'en montrer un spécimen, malgré mes vives instances[1]. Au-

(1) Voir note D, page 57.

dessus de Kontuzanpo, il y a un petit nombre d'autres dieux, cinq ou six, parmi lesquels j'ai entendu prononcer le nom et vu l'image de Djamiong[1]. Shakyamuni, après sa mort, est devenu lui-même un dieu. Dans l'esprit des lamas, l'idée de Dieu n'implique aucunement l'idée d'une puissance surnaturelle, d'un pouvoir créateur ; à vrai dire, leurs dieux ne sont que des hommes arrivés au salut par l'éclat extraordinaire de leurs vertus ; de sorte que nous voilà en présence du polythéisme et de l'anthropomorphisme des Grecs et des Romains.

Ce n'est pas tout : plus nous avançons, plus les analogies se multiplient entre ces vieux cultes éteints et celui dont j'ai entrevu le foyer encore tout brûlant, si je puis ainsi parler.

Le paradis où vivent les dieux s'appelle *Chokushing*. Il est situé au sommet d'une grande montagne assise sur le centre de la terre.

Le paradis où vont les hommes qui ont mené une conduite irréprochable s'appelle *Tapéshi*. Il est sur la même montagne que le paradis des dieux, mais à un étage inférieur. On a calculé

[1] Voir note E, page 58.

qu'un homme sur mille court la chance de pénétrer dans ce séjour privilégié.

L'enfer se trouve non pas dans l'intérieur de la terre, mais tout-à-fait au-dessous. Il n'est pas éternel ; après un séjour plus ou moins prolongé, après des châtiments plus ou moins terribles, les âmes des coupables remontent à la surface de la terre pour recommencer une nouvelle vie.

Les âmes imparfaites, c'est-à-dire celles qui, sans avoir été mauvaises, n'ont pas été suffisamment méritantes, ne vont ni en paradis ni en enfer : elles restent sur la terre pour revêtir de nouveau des corps d'hommes ou d'animaux, selon le degré de leur imperfection.

Le nom de Nirvâna est inconnu, et la croyance à l'anéantissement rejetée.

D'après les lamas, la nature fourmille de démons ou esprits malins, dont l'origine et le caractère sont aussi mal définis que conçus. Le Malin se révèle par des bruits nocturnes, et, à ce que j'ai pu saisir, fait en réalité plus de tapage que de mal. On l'exorcise, on le repousse, on l'éloigne, on le paralyse au moyen de paroles sacramentelles, de formules cabalistiques, de graines douées de qualités magiques, de bannières

conjuratoires, d'instruments spécifiques, etc., etc.
Les instruments *ad hoc* s'appellent *dorj* et
ressemblent à des aspersoirs qui auraient un
goupillon à chaque bout. Les bannières qui flottent
au vent à l'extrémité d'une longue perche ont la
vertu d'éloigner le Malin d'une habitation, pourvu
qu'on ait eu le soin d'écrire sur ces bannières la
salutation bouddhique : « *Om mani pémi hum
shi!*[1] » Le chapelet, sur chaque grain duquel
on répète la même invocation, passe également
pour une arme efficace contre le Malin.

Les lamas, moyennant honoraires, se rendent à
domicile pour faire des exorcismes, et c'est même
là une de leurs fonctions habituelles. Une excellente
manière de pincer les démons consiste à les repré-
senter sous toute sorte de formes avec de la pâte
de blé cuite au four, et à les accabler de malé-
dictions et d'incantations dans la personne de leurs
images.

Le culte est monastique, public et privé. Dans
ces trois cas, il consiste à allumer des cierges ou
des lampes, à brûler de l'encens, à faire de la
musique ou plutôt du vacarme au moyen de

(1) Voir note F, page 38.

trompettes formées d'os humains (*fémurs et tibias*), au moyen de cymbales en cuivre, de flûtes en bambou, de conques marines, de tambours, de cloches et de tamtams, avec accompagnement d'une lecture à haute voix ou d'un chant monotone imitant nos psalmodies les plus simples. Les formules des prières ou des récitations qui tiennent lieu de prières sont scrupuleusement déterminées par le rituel, et de là vient que les dévots qui ne savent pas lire doivent recourir aux lamas toutes les fois qu'il s'agit de répéter autre chose que l'éternelle formule : « *Om mani pémi hum shi !* »

Les livres relatifs au culte sortent tous des presses de Lhassa. Ils se composent de grandes feuilles oblongues, très résistantes, imprimées sur une seule face, ni pliées, ni cousues, mais rassemblées en un paquet plat qu'on lie au moyen de deux courroies, pour le placer ensuite dans un coffre en bois plus ou moins ornementé, qui en constitue, à proprement parler, la reliure.

Dans la dernière guerre que le Sikkim eut avec le Népaul, vers 1816, la bibliothèque de Penamiantsi, qui comptait 400 coffres ou volumes, a été entièrement détruite, et les cloches en argent,

ainsi que les tamtams de même métal, sont
devenus la proie des Népalais.

Les lamas du monastère, au nombre d'une cen-
taine, se rendent à domicile partout où on les
appelle. En outre de leurs honoraires, qui sont fixés
par un tarif plus ou moins obligatoire, ils ont droit
à certaines rations d'eau-de-vie de marwa, qu'ils
ont l'habitude de boire pendant les offices pour
entretenir leur ferveur.

Le chapelet sert à compter le nombre de fois
qu'on a répété des lèvres la salutation bouddhique : « *Om mani pémi hum shi !* » qu'on
entend partout et à propos de tout ; mais il ne
multiplie pas la prière. On a inventé dans ce dernier but toutes sortes d'instruments tournants,
comme des crécelles, des cylindres, des toupies,
des fuseaux, des moulins à vent et à eau, etc.
Ces instruments, qui sont de véritables machines
à prier, portent le nom général de *mani ;* ils sont
en bois, en cuivre, en bronze, en argent et même
en or. La prière, écrite à l'intérieur de la machine,
sur la partie tournante, est censée dite une fois
à chaque tour qu'elle fait. A l'aide de ces
précieuses mécaniques, on peut prier en se livrant
aux occupations les plus profanes, même en

dormant. J'ai vu souvent des dévotes travailler d'une main, prier de l'autre au moyen d'une crécelle, et, en même temps, répéter des lèvres la salutation bouddhique. Il m'est arrivé de voir une fileuse, dont les deux mains étaient prises par son travail, mettre une machine à prières en mouvement à l'aide de ses pieds. On peut vraiment dire de ce pays que le moulin à prières n'y chôme jamais.

La confession fait partie du culte, en ce sens qu'elle doit avoir lieu publiquement dans le temple. Elle a le privilège d'absoudre par elle-même les péchés, à la condition toutefois d'être précédée ou suivie d'un jeûne rigoureux d'au moins vingt-quatre heures.

Les femmes se confessent comme les hommes, et, de plus, il leur est recommandé de porter des amulettes ou talismans contenant des reliques de saints personnages, des prières, et aussi des graines qui ont le pouvoir magique de les mettre à l'abri des attaques du Malin. Elles ont la coquetterie et le bon goût, on peut le dire à leur louange, de donner à ces amulettes la forme de bijoux élégants, d'en faire des parures en filigrane d'argent.

Trois mois après sa naissance, l'enfant boud-
dhiste reçoit un nom qu'il gardera toute sa vie, à
moins que des événements importants, des circonstances plus ou moins solennelles, ne l'amènent
à en prendre un autre. Les noms de famille sont
inconnus.

Dans le mariage, la religion n'intervient d'aucune
manière.

Au Tibet, la monogamie existe; mais rien
absolument, au dire des lamas, ne s'oppose à la
polygamie (polygynie), ni même à la polyandrie,
qui est la polygamie à rebours, c'est-à-dire qui
permet à la femme d'avoir plusieurs maris. Le
divorce non plus n'est pas interdit; seulement il
faut qu'il ait pour motifs des faits graves,
l'adultère, par exemple, que l'opinion juge avec
moins de sévérité chez la femme que chez l'homme.
La femme stérile peut autoriser son mari à
prendre une seconde épouse.

La polyandrie, que j'avais eu lieu de constater
auparavant chez les Todas des Nilgherries, est
généralement pratiquée à quelques lieues de
Pemmiantsi, dans le Boutan, où j'ai vu les frères,
quel que soit leur nombre, épouser une seule et

même femme. Quand les frères ne sont pas assez nombreux pour constituer un ménage polyandrique, ils s'adjoignent des cousins ou des amis. Les parents eux-mêmes se chargent le plus souvent de composer ces alliances singulières, qui ne sont considérées comme bien complètes que lorsqu'il y a une douzaine de maris pour la même femme. L'épouse se doit également à tous ses maris, mais dans l'ordre qui lui convient; elle s'applique d'ordinaire à remplir ses obligations d'une façon équitable, à la satisfaction de tous; et quand elle y réussit, elle passe pour accomplie. On prétend, et je veux bien le croire, que la jalousie est inconnue des hommes; mais, dans ce cas, il est permis d'accuser la polyandrie d'avoir étouffé un sentiment si naturel partout ailleurs. Ce qui paraît hors de doute, c'est que les querelles de ménage sont extrêmement rares. L'aîné des maris porte le titre de père de tous les enfants; les autres maris sont traités d'oncles par leur commune progéniture. On dit, — ce sont les intéressés eux-mêmes qui me donnaient cette explication, — on dit que le mariage polyandrique n'a d'autre origine qu'un calcul d'économie, et l'économie dont il s'agit ici se rapporte aux impôts, qui se paient dans le pays par ménage et non point par tête.

Quoi qu'il en soit, il résulte de cette dégradante coutume qu'il y a au Boutan plus de couvents de femmes que d'hommes, et aussi plus de prostitution que dans les sociétés monogamiques.

Les lamas assistent à l'agonie des moribonds pour réciter les formules sacrées, faire diverses cérémonies, accomplir certains rites, dont l'objet principal semble être de chasser les diables; car, dans le bouddhisme himalayen, les diables, sans être pourtant bien redoutables à mon avis, tiennent infiniment plus de place que les dieux.

Les cadavres des riches sont brûlés, et les cendres qui proviennent du bûcher sont semées au vent, à l'exception d'une pincée qu'on réserve pour l'envoyer dans l'Inde, où on la jette sur les eaux du Gange, fleuve toujours sacré pour les bouddhistes comme pour les adeptes du brahmanisme.

S'agit-il de pauvres, on laisse dévorer leurs cadavres par les oiseaux de proie; après quoi, on pile, on broie les os, on les réduit en une poussière qu'on répand sur la terre.

Aux personnages qui ont mené une vie édifiante,

on fait l'honneur d'élever de petits monuments en forme de pyramides ou d'obélisques, dans le genre de ceux qu'on rencontre partout sous le nom de *chait* ou *cheuten*, et qui sont dédiés à la mémoire de Shakyamuni. Quelquefois ces pyramides sont reliées entre elles par un mur, et alors il en résulte un monument qui prend des proportions considérables, et qu'on appelle *mendong*. A Yédjin, au bas de Pemmiantsi, j'ai vu un mendong qui mesure 224 mètres de longueur, sur 2 à 3 mètres de hauteur, avec une épaisseur de 1 à 3 mètres. Cette longue muraille porte des inscriptions en langue tibétaine et des images grossièrement sculptées, représentant de saints personnages et des dieux. Il est de règle, quand on passe devant ces monuments, de les laisser à sa droite et de répéter le sempiternel « *Om muni*, etc. »

La nourriture des lamas, comme celle du peuple, consiste principalement en thé de qualité médiocre, qu'on apporte de Chine sous la forme de grosses briques noires, et qu'on assaisonne de sel et quelquefois de beurre. Le lait et le riz jouent également un grand rôle dans l'alimentation, plus encore que le blé, l'orge et le maïs. On s'abstient en général de manger la chair des

animaux, même celle des poissons; les vrais
dévots ne dépassent pas les œufs de poule, qui
sont regardés comme n'ayant pas encore d'âme.
On mange plusieurs sortes de légumes cuits à
l'eau, entre autres une espèce d'arroche sauvage
(atriplex).

Le grand lama, après la longue audience qu'il
me donna dans le temple, fit déposer à mes pieds,
devant le portail, un présent d'œufs de poules, de
riz et de graines d'éleusine toutes préparées pour
en faire du marwa. Je répondis à cette gracieuseté
par un présent de quelques roupies, d'une
galette de biscuit, d'une boîte de sardines et d'une
bouteille de cognac de Martel. Le cognac fut bu
séance tenante par les principaux lamas, qui
le déclarèrent préférable à leur eau-de-vie de
grain.

Ce qui parut surtout émerveiller les deux grands
lamas, ce fut de reconnaître mes traits sur une
photographie que j'eus l'idée de leur offrir. Ils en
furent tout ébahis, au point de perdre un moment
la parole, et j'ai lieu de croire que mon portrait
fut, après mon départ, placé sur l'autel du temple.
Ils mirent beaucoup de bonne grâce à me donner

leurs autographes, consistant en leurs signatures accolées à leurs sceaux. Un lama de second ordre consentit à échanger son couteau contre le mien. Sur le désir que j'exprimai un peu à la légère, on n'hésita pas à détacher d'un monument isolé une pierre de schiste portant, gravée en gros caractères tibétains, la salutation bouddhique; puis on l'emballa soigneusement pour que je pusse l'emporter.

Dans le grenier ménagé sous le toit du temple, et auquel on monte par un escalier extérieur, des hommes et des femmes étaient occupés à faire bouillir l'eau pour le marwa, qu'on me servait à peu près toutes les demi-heures. Dans ce même grenier, je vis un magasin où étaient entassées les provisions du monastère, telles que thé, sel, riz et céréales diverses.

Quand je fis ma visite au grand lama dans sa cellule, je le trouvai étendu sur un tapis, dans une sorte de niche pratiquée à l'intérieur de la muraille, un peu au-dessus du sol. Il m'offrit poliment de l'eau-de-vie de marwa, et se montra aussi simple, aussi digne, aussi bienveillant que dans le temple. Il m'assura que les seuls Asiatiques sont autorisés à pénétrer dans le *Peu*, —

c'est le vrai nom du Tibet, — et que des Européens ont été repoussés à la frontière, bien qu'ils fussent porteurs de passeports délivrés par l'empereur de la Chine, protecteur du Peu ou Tibet.

Dans le nombre des lamas qui passèrent sous mes yeux à Pemmiantsi, j'en comptai cinq qui étaient affligés d'énormes goitres sous le menton. Je ne sais à quoi attribuer cette infirmité qui, du reste, n'est pas accompagnée de crétinisme.

En me rendant aux ruines de l'ancien palais des rois de Sikkim, situées à un kilomètre au-dessous du temple, je m'approchai d'une habitation privée où m'attirait un bruit dont je ne me rendais pas compte. C'était tout simplement une cérémonie d'exorcisme. Un lama, accroupi dans la maison, avec d'immenses lunettes sur le nez, lisait lentement dans un grand livre, et frappait d'une main sur un gong de bronze, tandis que de l'autre il agitait un dorj. Des cierges étaient allumés, des bâtons d'encens brûlaient sur un petit autel à plusieurs gradins, et sur ces gradins étaient symétriquement rangées toutes sortes de figurines en pâte de farine cuite au four. L'officiant buvait de temps en temps, en compagnie du maitre de la maison, qui l'assistait en frappant

régulièrement sur un tambour. Quand je parus
à la porte, on me fit signe d'entrer, on m'offrit
à boire et on m'invita sans rire à faire un peu de
musique conjuratoire, c'est-à-dire à frapper sur le
tambour. Pendant ce temps-là, la femme vaquait
à sa cuisine, tout en faisant tourner d'une main
une crécelle à prières. De divers côtés, des bruits
semblables partis d'autres habitations parvenaient
à mes oreilles ; je finis par savoir que ce jour-là
était particulièrement propice aux cérémonies de
ce genre.

En causant par la suite avec des lamas, j'appris
que, bien qu'ils ignorassent jusqu'au nom de la
France, ils n'en avaient pas moins entendu parler
d'un certain Poléoné, — facile à identifier avec
Napoléon Ier, — qu'ils regardent comme le dragon
de la guerre, sorti un jour des flots de la mer
occidentale pour se ruer avec des millions de
diables sur le grand roi de la Russie, lequel vint
à bout de l'épouvantable armée, en l'attirant
partie dans une vaste fournaise ardente, partie
dans une fondrière remplie de glaçons.

Cette renommée fabuleuse du dragon corse, nos
grand'mères l'ont suffisamment arrosée de leurs
larmes, nos pères de leur sang, et nous en avons

nous-mêmes assez chèrement soldé la carte pour avoir le droit d'en savourer, je ne dis pas la discutable gloire, mais l'écho légendaire et poétique, répercuté sur les flancs de l'Himalaya.

Dans un milieu où les faits les moins obscurs se colorent si promptement des teintes du merveilleux, on conçoit que les légendes abondent : en effet, pour en recueillir une riche moisson on n'a qu'à écouter les lamas ou à feuilleter leur hagiographie.

Une de ces légendes, choisie parmi celles que j'entendais le plus souvent, prête à Shakyamuni une âme si compatissante qu'un jour, ayant rencontré une lionne à moitié morte de faim et sans lait dans les mamelles pour nourrir ses lionceaux, le saint personnage n'hésita pas à secourir la mère défaillante en lui jetant des lambeaux de sa propre chair....

Je m'arrête, bien que j'eusse encore beaucoup de choses à dire, plus curieuses qu'essentielles, sur ces croyants si doux et si tolérants, sur cette déviation du bouddhisme, à la fois si singulière et si rapprochée des superstitions vulgaires de notre Occident : je craindrais de lasser votre attention et de tourner en pénitence une causerie dont je voudrais que le souvenir pût vous rester comme celui d'une fête du cœur, d'un bon sentiment d'humanité, de charité.

Puisque le mot de charité est sorti de ma bouche, ou plutôt puisque j'en sens le souffle autour de moi, je dirai en finissant que, quelle soit la part des superstitions encore vivantes parmi nous, et dont le spectre me poursuivait jusque sur les montagnes du Tibet, de grandes différences se détachent au milieu des analogies ; et j'ajouterai que, de toutes ces différences, la manière dont nous concevons nos devoirs envers nos semblables n'est pas la moindre. A vrai dire, c'est par la charité qu'en rentrant dans nos milieux de civilisation chrétienne, au sortir de l'énervante et morne atmosphère du bouddhisme, la pensée se retrouve comme dans un autre monde, meilleur que le Chokushing lui-même, ce paradis des dieux sikkimites.

Pour être juste cependant, il faut reconnaître que chez les Himalayens le sentiment humain n'est pas absent, qu'il persiste sous la couche grossière des superstitions, et éclate par plus d'un côté. C'est surtout à l'idée de progrès, à l'esprit

scientifique, — ces deux ailes, ces deux grands pro-
pulseurs de notre incomparable civilisation, — que
font obstacle les antiques et néfastes croyances
de l'extrême Orient. La pitié reste : l'humanité
n'abdique jamais tout entière. Les Asiatiques se
sont engourdis dans la routine de leurs dévotions,
dans la désespérante métaphysique de leurs
premiers penseurs ; ils y végètent en galériens
résignés à leurs fers, *oppressa gravi sub Relligione;*
mais, à tout prendre, ils sont des hommes. Je ne
vous étonnerai pas néanmoins en disant que notre
monde vaut mieux. C'est que parmi nous la pitié
n'est pas un sentiment inerte et stérile : elle
s'échauffe, elle s'exalte dans nos âmes remplies
d'espérances lointaines, d'aspirations fécondes, et
la conception seule de l'idéal qui nous attire
suffirait pour embellir et charmer nos horizons
terrestres, alors même que la science n'y vînt pas
jeter sa bienfaisante lumière.

Ici, comme là-bas, personne ne l'ignore, hélas !
la vie a ses épines, ses déceptions, ses déboires ;
mais, par le concert des volontés et des efforts,
grâce au sentiment des solidarités humaines et
sociales, grâce à notre foi toujours croissante
dans les destinées de l'humanité, ces épines, nous

pouvons les émousser ; ces déceptions, nous pouvons les corriger et en faire notre profit ; ces déboires, nous pouvons en diminuer l'amertume, et enfin, il nous est permis de semer de quelques fleurs les arides sentiers de la vie. N'est-ce rien que d'alléger, quand on le peut, le fardeau des autres, et, sans multiplier les prières à la façon des bouddhistes, d'avoir à l'occasion le secret de doubler son propre plaisir en faisant celui de ses semblables ?

C'est ce que vous avez compris, Mesdames et Messieurs, en répondant aux appels faits à votre charité dans ce mémorable hiver, et en accourant aujourd'hui au rendez-vous que la municipalité, m'associant à son œuvre, vous a donné dans cette enceinte.

Au nom des pauvres de la vieille cité catalaunique, je vous remercie de votre généreux concours, je vous remercie de l'obole, si mince soit-elle, qu'il pourra vous convenir de déposer encore en sortant ; et, à ces remerciements dont je ne suis que l'interprète, j'ajoute ceux qui montent de mon cœur ému aux lèvres du *mendiant*.

NOTES.

NOTES

Note A.

VICTOR JACQUEMONT.

Depuis la publication de ma conférence du 10 mars dans les journaux de Châlons, des lettres anonymes plus ou moins malveillantes m'ont averti que ce que j'avance à propos de la tombe de Jacquemont est formellement contredit par d'autres voyageurs. Un de mes correspondants inconnus, à la fois très prudent et très hardi, s'emporte jusqu'à prononcer les gros mots d'insulte à la France en même temps qu'à la vérité. Je me vois donc forcé d'entrer ici dans quelques détails, tout en regrettant de ne pouvoir démontrer ma véracité sans attaquer celle d'autrui.

Le jour même de mon arrivée à Bombay, le 12 janvier 1863, n'ayant pu apprendre à mon hôtel ni au Bycullah-Club dans quel endroit se trouvait le tombeau de Jacquemont, je m'adressai au vice-consul de France, qui me promit ce renseignement pour le surlendemain. Je retournai au consulat à l'heure convenue, et l'on m'y fit savoir d'un air tout-à-fait indifférent qu'on ne savait rien. Notons en passant que j'avais eu soin de présenter à notre agent la lettre-circulaire que je devais à une gracieuseté toute spontanée de M. Drouyn de Lhuys, alors ministre des affaires étrangères.

Dans mon embarras, le gouverneur de la présidence de Bombay, sir Bartle Frere, dont l'obligeance a été pour moi inépuisable, vint à mon aide en me suggérant l'idée de recourir à MM. Mac Illwraith, héritiers et successeurs du brave négociant anglais, M. James Nicol, chez lequel Jacquemont mourut entouré des soins les plus affectueux. MM. Mac Illwraith mirent un louable empressement à me satisfaire et parvinrent, avec le temps, à s'assurer que Jacquemont avait été

ecterre dans le cimetière anglican de Dabonl. Restait à connaître le
lieu précis de la sépulture.

Le 30 janvier, accompagné d'un ami anglais et d'un guide du nom
de Montmorency (*), je me rendis au cimetière en question.

Le sexton (gardien ou fossoyeur), qui devait m'assister dans mes
recherches, manquait au rendez-vous; mais il avait songé heureuse-
ment à m'envoyer les clefs des deux cimetières dont se compose le
Dabonl. Après avoir exploré d'abord le plus petit cimetière, et
constaté qu'il ne contient pas le tombeau de Jacquemont, nous
entrâmes dans le plus grand, et là, au bout d'une heure, nous
découvrîmes enfin, parmi des centaines de pierres à peu près
pareilles, une pierre plate, dressée verticalement, arrondie au
sommet, épaisse d'environ dix centimètres, ayant à peine cinquante
centimètres de large sur moins d'un mètre de haut, avec cette in-
scription en lettres creuses parfaitement lisibles :

VICTOR JACQUEMONT
BORN AT PARIS
28th AUGUST 1801
ARRIVED AT CALCUTTA
IN MAY 1829
AND AFTER TRAVELLING
THREE AND A HALF
YEARS IN INDIA
EXPIRED AT BOMBAY
ON THE 7th DEC. 1832.

Autour de l'humble monument, nulle trace de sentier, aucun
vestige de pas humains; et, dans tout le cimetière, pas un seul

---

(*) Dernier descendant de la branche irlandaise des ducs de Montmorency.
Il est né au château de Saint-Germain, où il a eu pour parrain le roi Charles X,
qu'il suivit en Angleterre après les journées de juillet 1830. La reine Victoria,
par égard pour sa illustre naissance, avait fait de ce Montmorency un officier
de l'armée britannique; mais le prince banne ne sut point conserver longtemps
cette faveur, et, de chûtes en chûtes, il était tombé dans la dernière misère, quand
il vint me présenter une lettre du savant docteur Wilson, qui me priait de
m'intéresser à son sort et de le prendre à mon service. Depuis que j'ai quitté
Bombay, j'ignore ce qu'est devenu ce gentilhomme déclassé.

arbre, pas même un buisson, à peine quelques maigres brins d'herbe çà et là, sur le sol aride et sablonneux. Pour indiquer aussi clairement que possible l'emplacement de cette tombe perdue dans la multitude de celles qui l'environnent, je ne vois pas de meilleur moyen que celui-ci : faites quarante-quatre pas le long du mur à gauche, à partir de la deuxième porte qui donne entrée de la cour dans le cimetière ; puis ensuite, marchez vingt-quatre pas dans une direction perpendiculaire au mur, et vous êtes arrivé.

Voilà la vérité toute nue. On m'oppose, entre autres récits, celui de M. F. de Lanoye (*Inde contemporaine*), qui, le lendemain de son arrivée à Bombay, serait allé tout droit dans le cimetière européen rendre ses devoirs à la mémoire de notre illustre compatriote, dont il aurait vu *la pierre tumulaire rongée par les plantes parasites du tropique, à l'ombre du cocotier qui semble pleurer sur elle*. A cela je réponds que M. de Lanoye, excellent homme et consciencieux écrivain, que j'ai eu l'honneur de connaître personnellement, a eu le tort de donner à son livre la forme d'un récit de voyage, sans avertir ses lecteurs qu'il n'avait jamais mis les pieds dans l'Inde.

Combien d'auteurs ont eu le même tort sans avoir donné les mêmes soins à leurs compilations ! Les vrais voyageurs en savent le nombre mieux que personne, parce qu'ils en pâtissent ordinairement et davantage ; mais ce qu'il y a de bien autrement regrettable, c'est de voir des écrivains qui ont réellement voyagé faire si bon marché de la vérité, qu'on serait tenté de les traiter d'imposteurs, si Juvénal ne nous avait prévenus que le besoin d'écrire, particulier à certains tempéraments, leur donne droit aux circonstances atténuantes :

.......*Tenet insanabile multos*
Scribendi cacoethes.

De ce prurit d'écrire sans souci de la vérité, je ne citerai qu'un exemple ; mais il est topique. Dans un livre publié en 1871 sous le titre de : *Quatorze ans aux îles Sandwich*, l'auteur, qui a été ministre d'Etat dans le pays dont il parle, et où il a vu « des canots creusés dans un tronc de cocotier, etc., etc., » raconte que Kamehameha Ier mourut *dans sa résidence de Waikiki, près de Honolulu, dans l'île d'Oahu, sous un ciel toujours pur* ; et cette affirmation, il la met quelques lignes plus bas sous le patronage de Kamehameha V. Si l'on apprenait aux Français, dans un livre signé d'un homme d'État, que Napoléon Ier est mort à Saint-Cloud, ils ne seraient pas plus étonnés que ne le furent les habitants des îles Sandwich en apprenant qu'un de leurs anciens ministres fait mourir leur grand roi ailleurs que dans sa résidence de Kailua, sur l'île de Hawaii.

Je sais par expérience combien il est difficile d'être toujours exact; je sais aussi que l'homme d'esprit et de talent qui a commis cette inexactitude entre cent autres, peut se consoler en se disant qu'on a relevé jusqu'à cinq cents erreurs scientifiques chez tel membre de l'Institut; mais il n'en reste pas moins sa gloire et sa situation, qui autorisent le lecteur à se montrer plus exigeant. Nous tardons trop, il faut en convenir, à nous corriger du défaut dont les étrangers nous accusent, j'entends cette légèreté, produit combiné de l'ignorance et de la fatuité, ou de ce besoin présomptueux de tout comprendre et de tout dire, comme si nous avions compris, qui peut parfois faire illusion, mais qui ménage à notre amour-propre tant de mécomptes et de déceptions.

Quoi qu'il en soit, je terminerai ici ma réponse à mes correspondants anonymes, et je reviens un instant à Jacquemont, pour raconter à sa louange une anecdote que je crois inédite.

Un jour, le 11 avril 1853, me trouvant à Calcutta chez sir Charles Trevelyan, ministre des finances de l'Inde et beau-frère du grand Macaulay, je m'avisai de demander à lady Trevelyan si elle avait lu la lettre, datée de Delhi le 19 mars 1830, dans laquelle Jacquemont parle de son mari comme d'un homme « destiné par ses talents à une haute fortune en ce pays. » Au nom de Jacquemont, sir Charles tressaillit et, sans laisser à sa femme le temps de me répondre, prit la parole pour me dire en anglais ce que je rapporte ici avec la fidélité du traducteur le plus scrupuleux :

« Je me souviens parfaitement de Jacquemont, et j'ai, pour ne pas l'oublier, des raisons personnelles qu'il n'a jamais connues et que rien ne m'empêche maintenant de divulguer. Jacquemont avait été recommandé à la femme de lord Bentinck, alors gouverneur-général de l'Inde, par la sœur de Louis-Philippe, Mme Adélaïde; vous comprenez tout de suite que lady Bentinck avait à cœur de voir le protégé de la princesse bien accueilli partout, et elle me le mandait expressément dans la lettre d'introduction qu'il me remit de sa part. Jeune alors, et n'ayant pour toute fortune que les appointements de ma modeste position, je ne savais comment prouver à votre compatriote le cas que je faisais de la noble

» femme qui me l'adressait. Je crus me tirer d'affaire honorablement
» en invitant Jacquemont à une chasse au lion, — il y avait alors
» dans l'Inde un animal ainsi baptisé, — chasse que nous avions
» organisée, mes camarades et moi, et qui devait s'ouvrir le lende-
» main, si j'ai bonne mémoire. Jacquemont accepta sans se faire
» prier. En ce temps-là, les préjugés qui existent malheureusement
» encore entre Anglais et Français étaient beaucoup plus forts que
» de nos jours; aussi, quand j'eus avisé mes compagnons de l'invita-
» tion que je venais de faire en leur nom et au mien, ce fut un tollé
» général contre moi, un holà unanime. « Comment, disaient-ils, un
» étranger, un Français encore! mais il n'y aura plus de sport ni
» aucun plaisir! Notre partie serait gâtée par cet intrus, par ce
» trouble-fête, mieux vaut y renoncer! » Je protestai en appuyant
» sur les devoirs de l'hospitalité et sur les recommandations de lady
» Bentinck, qui devaient être pour nous des ordres; mais j'eus beau
» faire, on ne me pardonnait pas, et je doutais que la chasse pût avoir
» lieu. Cependant on se mit en route quelque peu à contre-cœur. Notre
» défilé d'éléphants fut morne et triste comme un enterrement. Tous
» les chasseurs regardaient de travers le pauvre Jacquemont, dont l'air
» misérable et la haute taille, relevée encore par sa maigreur,
» n'étaient pas faits pour bien disposer des gens mal prévenus.
» J'étais sur des charbons ardents, m'attendant à quelque inconve-
» nance. Pendant une heure il ne s'échangea pas deux paroles dans
» toute la troupe. Jacquemont ignorait la cause de cette froideur
» glaciale, et peut-être l'attribua-t-il au caractère anglais; mais
» bientôt, ennuyé sans doute de cette réserve, de ce silence, il se
» prit à hasarder quelques remarques plaisantes, puis ensuite à
» causer avec tant d'entrain, tant d'esprit, que les plus revêches ne
» tardèrent pas à s'apprivoiser, si bien qu'au bout de quelques
» heures, tous furent irrésistiblement attirés vers lui, et vinrent
» serrer chaleureusement la main du charmeur. La chasse dura
» plusieurs jours et ne fut point fructueuse; mais, à cause de
» Jacquemont, uniquement à cause de lui, elle finit trop tôt au gré
» de mes amis, qui devinrent tous et très sincèrement les siens. »

Pour ceux qui ont fait leurs délices de la correspondance de Victor
Jacquemont, il y aura du plaisir à relire, à la suite de cette anecdote, la lettre que l'admirable voyageur écrivit à son frère Porphyre,
à la date du 15 mai 1831.

Note B.

SANGSUES DE L'HIMALAYA.

Indépendamment de la très petite espèce de sangsue noire dont j'ai parlé, et qui pique à travers bas et caleçons, on rencontre, au fond des vallées du Sikkim, une grosse espèce d'un brun jaunâtre, qui vit par myriades dans les ruisseaux, au milieu des herbes mouillées et jusque sur les buissons. Cette espèce, plus redoutable encore que la première, ne s'en prend pas seulement aux jambes et aux pieds du voyageur; elle s'introduit dans sa chevelure, s'attache à ses paupières, se glisse dans son dos, faisant des blessures qui restent ouvertes durant des semaines, et dont les cicatrices mettent des années à disparaître. Le seul moyen connu de repousser l'attaque de ces terribles hirudinées est d'appliquer sur la peau du tabac en poudre recouvert de feuilles de tabac à fumer; mais ce préservatif n'est pas sans inconvénient, et d'ailleurs il devient à peu près impraticable dans la saison des pluies, c'est-à-dire dans la saison où l'on met Glennie.

Note C.

LE DOCTEUR JOSEPH DALTON HOOKER.

Le docteur Hooker, un des botanistes les plus éminents de notre époque, auteur des *Himalayan Journals* et de tant d'autres ouvrages importants, séjourna à Pemmiantsi le 1er et le 2 janvier 1849, dans le cours de son exploration du Sikkim et du Népaul. Il écrit, je ne sais pourquoi, Pemiongchi au lieu de Pemmiantsi. Avant de me décider à rejeter son orthographe, je me suis assuré que mon oreille avait correctement saisi la prononciation des lamas.

Quoiqu'il voyageât sous la protection toute spéciale de l'Angleterre, le docteur Hooker n'en eut pas moins à subir bien des vexations de la part du gouvernement sikkimien, et fut même fait prisonnier vers la fin de 1849. Il avait établi son quartier-général à Darjiling, sanatorium et poste militaire que les Anglais ont créé à l'extrême frontière du Bengale, sur un point du Sikkim cédé par le traité signé à Titalya le 10 février 1817, et confirmé en 1837 par un nouvel acte du rajah. Après diverses difficultés et plusieurs querelles armées, un autre traité fut conclu, le 28 mars 1861, entre la Grande-Bretagne et le maharajah Sikeong Kuzoo, souverain du Sikkim, traité par lequel ce dernier s'est engagé à ouvrir son pays au commerce et à entretenir constamment un valet agent diplomatique auprès des autorités anglaises de Darjiling.

En Europe, on a quelquefois pris le nom de Sikkim pour celui d'une ville. C'est une erreur; il n'existe pas de ville de ce nom, ni dans la partie du Sikkim cédée aux Anglais, ni dans le Sikkim resté indépendant.

On pourra trouver quelque intérêt à comparer ce qui précède avec l'article Sikkim du grand Dictionnaire de P. Larousse (tome 14, publié en 1875).

Note D.

ARBRES HIÉROGLYPHIQUES.

Le vif désir que j'avais de voir de mes yeux cet arbre déjà signalé par le P. Huc, et jusqu'ici inconnu des botanistes, me fit faire des recherches dans d'autre lamaseries. Partout on connaissait l'arbre de réputation; quelques-uns même affirmaient l'avoir vu, dans un seul endroit, il est vrai, à Shirazonkha, ville située à l'autre extrémité du Tibet. Généralement, on s'accordait à dire que chacune de ses feuilles porte à la face supérieure l'image d'Arapachanalé, et, à la face inférieure, le nom de la déesse écrit en caractères boutanais. On me disait aussi que cet arbre unique est gardé nuit et jour par des soldats, afin d'empêcher les pèlerins d'en cueillir les feuilles. Un moment, je crus que mon désir allait être comblé, que j'allais pouvoir examiner une de ces feuilles plus prisées que l'or, et je caressais déjà l'espoir de reconnaître le genre ou la famille de l'arbre mystérieux; mais la vieille dévote qui devait me procurer cette satisfaction ne m'avait pas prévenu, avant d'ouvrir son reliquaire, que la précieuse feuille avait été pulvérisée pour la rendre plus efficace contre les diables !

Une merveille végétale analogue, sinon identique, fait parler d'elle dans l'Inde brahmanique. Des brahmines de Bénarès m'ont appris qu'à l'ouest de Dehli, dans le district de Hissar, à Sirsa ou Sersa, se trouve un arbre dont le tronc et les feuilles portent le nom de Ram, gravé par la nature en caractères dévanagari (dévanagree). Ram est synonyme de Brahma et de Jaggernauth.

On peut, sans trop de témérité, prédire que le jour viendra où des voyageurs plus heureux nous apprendront que ces hiéroglyphes végétaux sont dus à des panachures de l'écorce et des feuilles, comme on en voit sur diverses variétés d'aucuba et de croton.

Note E.

LES DIEUX KONTUZANPO ET DJAMIONG.

Le roi Srongtsan Gampo régnait au Tibet dans le VIIe siècle de notre ère. Ce fut lui qui envoya une compagnie de savants dans l'Inde pour étudier les livres sacrés du bouddhisme et les traduire en tibétain. Djamiong ou Jamyang, qui était premier ministre de Srongtsan Gampo sous le nom de Thumi Sambhota, fut, à ce titre, chargé de conduire et de présider la susdite mission, laquelle comptait dix-sept membres et se mit en route l'an 632.

On ne saurait guère douter que ce ne soient là les deux saints personnages que la piété des lamas a élevés au rang de dieux principaux.

Note F.

LA SALUTATION BOUDDHIQUE.

Le docteur Hooker écrit : *Om Mani Palai om.* Le P. Huc écrit : *Om, mani padmi houm !* et traduit : *O! le joyau dans le*

Lotus, Amen! Les frères Schlagintweit écrivent : *Om mani padme hum*, et traduisent : *O, the Jewell in the Lotus : Amen.*

J'ai toujours entendu les gens du peuple, les simples fidèles, dire : « *Om mani pémé hum!* » Ce sont les lamas qui m'ont averti à diverses reprises que la formule n'est pas complète ainsi, qu'il faut y ajouter la syllabe *sri* et dire :

OM MANI PEME HUM SRI!

Mais, en fait de traduction, ils se sont toujours bornés à me répondre que c'est la formule consacrée par l'usage pour saluer la mémoire de Shakyamuni. Quant à ce dernier nom, je l'écris à la manière des Allemands et des Anglais, parce qu'elle me paraît être la bonne. En effet, partout et toujours j'ai entendu prononcer *Sha-kyamuni*, qu'un Français doit être tenté si c'était écrit *Cha-ki-ya-mou-ni*. Jamais je n'ai entendu *Sakyamuni*, *Çakyamuni*, *Tchakyamuni*.

Châlons, imp. T. Martin.

DU MÊME AUTEUR :

Analecta Boliviana, *seu nova genera et species planta-*
rum in Bolivid crescentium. 2 livraisons in-8°, avec une
planche. Paris, 1846-1847. .... 2 fr.

Monographie des Synanthérées du Chili,
en latin et en espagnol. 1 vol. in-8° et un atlas de 15
planches grand in-4°. Paris, 1849. 50

Observations inédites sur les Composées
de la Flore du Chili, in-8°. Paris, 1849 1

Solanées et Nolanacées du Chili. Épuisé.

Polygonées et Eriogonées du Chili. Épuisé.

Excursion botanique à travers les Ar-
dennes françaises, in-8°. Paris, 1849........ 2

Fougères et Lycopodiacées du Chili, in-8°.
Paris, 1853. Épuisé.

Ascension du Pichincha, in-8°. Châlons, 1858. 2

Récits d'un vieux sauvage, *pour servir à l'his-*
toire ancienne de Haraïi, in-8°. Châlons, 1859....... 3

Voyage au pays des Mormons, 2 vol. in-8°,
avec une carte et 10 planches gravées sur acier. Paris,
1860, imprimerie J. Claye..................... 20

A Journey to Great Salt Lake City, 2 vol.
royal-8°, figures et carte. London, 1861............ 10

On the religious movement in the United
States, in-8°. London, 1861. Épuisé.

Ka Moolelo Hawaii, *Histoire de l'Archipel Ha-*
waiien, texte et traduction en regard. 1 vol. in-8°,
Paris et Leipzig, 1863..................... 25

Lettre sur le Fusionisme *et autres mauvaises*
herbes de France, suivie d'une Visite à Reims le jour
des Funérailles du cardinal Gousset, in-18. Châlons et
Paris 1867......... 5

Châlons, imp. T. Martin.